El Trabajo de Tus Sueños

Contenido del Libro

Introducción 4

Identifica tus Habilidades 9

Creando un Currículum 14

Prepárate para la Entrevista.................. 20

Aprovecha tu Internet 26

Mantén la Motivación 30

Conclusión 35

Introducción

¿Estás cansado de tu trabajo actual y deseas avanzar en tu carrera profesional? ¿Te encuentras en búsqueda de un trabajo que se ajuste a tus habilidades y expectativas?

Este libro ha sido diseñado para ayudarte a conseguir un trabajo mejor y ofrecerte una guía práctica para la búsqueda de empleo.

Con los consejos que se presentan en las siguientes páginas, podrás destacarte en el mercado laboral y conseguir el trabajo que deseas.

El mundo laboral es muy feroz y altamente competitivo, independientemente si vives en la ciudad o en una zona rural.

No es tan distinto de la vida salvaje donde o devoras o eres devorado, las mejores empresas del mundo involucran mucho dinero, y cuando hay mucho dinero en juego los empresarios quieren tener leones en sus equipos.

Afortunadamente tu que compraste este libro tienes acceso a esta información la cual es muy privilegiada.

La principal queja de la gente a la hora de buscar trabajo es que a la hora de ver los requisitos se ve algo así:

Vacante para X puesto

Requisitos, que tenga 40 años de experiencia y 20 años de edad, que haya ido a la luna y tenga 3 Grammys, 2 premios Nobel, etc.

Esa descripción no esta tan alejada de la realidad, el empresario que es competente el que si paga bien y da excelentes beneficios quiere a alguien ya formado para ocupar esas vacantes laborales.

El primer error que cometemos es que pensamos que X títulos es igual a X trabajo y en la práctica no funciona así.

La cantidad de preparación académica es vital, pero hay algo todavía mas valioso para el empresario competente.

La capacidad y la experiencia, las mejores empresas del mundo son muy solicitadas por sus beneficios, ellos no quieren a cualquier prospecto.

Quieren al mejor vendedor, al mejor gerente, hasta el mejor limpia platos que puedan encontrar.

Quieren al León, la trampa esta en que no buscan empleados comunes que trabajen por un sueldo, que pasen pendientes de sus vacaciones y días libres, buscan personas altamente productivas que lleven su negocio al siguiente nivel.

Para que tengas un mejor contexto te hablo de los trabajos que si te van a volver rico o al menos aumentar bastante tu economía y te van a dar el estatus y respeto que buscas.

Tienes que convertirte en el más voraz y a su vez en una persona con valores y principios superiores.

Ese proceso conlleva muchísimo esfuerzo y por ende no va a ser fácil, si fuera fácil todos tendrían ese empleo, es tan sencillo como eso.

Quieres un empleo único en su tipo, pues tu tienes que convertirte en una persona excepcional, alguien sobre calificado, aquel por el que los jefes peleen para tenerlo en su equipo.

Usa el futbol como una referencia básica, quienes son los jugadores que más ganan en el mundo y por qué.

Identifica tus Habilidades

Antes de comenzar a buscar empleo, es importante que identifiques tus objetivos y habilidades.

En este capítulo, te ofrecemos herramientas y preguntas para ayudarte a descubrir lo que te apasiona, tus fortalezas y debilidades, y cómo éstas se relacionan con tus objetivos profesionales.

Al conocer tus habilidades, podrás enfocar tus esfuerzos en trabajos que sean acordes a tus expectativas y habilidades.

Antes de siquiera pensar en los títulos que necesitas para aplicar a una oferta de empleo excepcional, tienes que estudiar que cosas son el futuro de esa área, **hacia donde va el mundo**, las empresas y los gobiernos.

En esta época de la digitalización es vital que sepas como estas nuevas tecnologías se van a ir implementando en los trabajos.

Ya le paso a los taxistas con Uber, a Blockbuster con Netflix, no hay que ser tan arrogante como para creer que esto no llegará ti en algún momento.

Una de las reglas de los inversionistas profesionales es siempre ver entre líneas, ver los colaterales.

No enfocarte en el mainstream y lo que todos dicen o ves en las noticias, si no buscar tú mismo las cosas.

Te pregunto: ¿entiendes sobre la tecnología Blockchain? ¿Sabes hacer transacciones en criptomonedas? ¿Sabes siquiera usar correctamente una inteligencia artificial tan básica como Chat GPT? Entiendes la Web 3.0? que me dices del 5G?

Hacía allá se dirige el mundo, y los que tengan estas habilidades tendrán ventaja sobre el resto, y así seas un zapatero estas tecnologías tarde o temprano llegarán a ti.

Millones han perdido sus trabajos por no estar listos para el cambio.

El mundo empresarial y laboral evoluciona cada vez más rapido, sin importar tu área.

No sobreviven los más fuertes ni los más inteligentes, sobreviven los que mejor se adaptan al cambio.

Tus habilidades importan y mucho, has una lista en casa de ellas, cosas como si eres bueno trabajando en equipo, si sabes trabajar bajo presión, si tienes liderazgo, etc.

Cuando tengas claras todas estas habilidades es hora de potenciarte aún más.

Existen algunas plataformas en línea que brindan cursos gratuitos y certificados con muchas de estas habilidades que si o si vas a necesitar.

Google Activate, es una de ellas y en esa plataforma encontrarás de todo, antes de pasar al siguiente capitulo ve a esa plataforma y vuelve cuando tengas al menos 3 certificados.

Otra habilidad que te dará mucha ventaja sobre el resto es saber **un segundo idioma**, esto te va a abrir un sinfín de posibilidades a nivel laboral.

Si no puedes costearte un curso, no te preocupes siempre puedes aprender gratis en Youtube.

Recuerda que tu mismo eres la inversión más segura del mundo todo el tiempo y dinero que inviertas en ti, siempre tendrá sus frutos.

Mientras más capacidades tengas más posibilidades vas a tener en el mercado laboral.

Creando un Currículum

Una vez que tengas claro lo que buscas y lo que puedes ofrecer, es momento de crear un currículum y carta de presentación efectivos.

En este capítulo te ofrecemos consejos útiles y prácticos para crear un currículum y una carta de presentación que destaquen tus habilidades y experiencias relevantes para el trabajo que buscas.

El curriculum es quizás una de las partes en las que tenemos que poner más empeño.

El curriculum vitae es la hoja que nos presenta ante la empresa o el empresario, si lo ves solo como una hoja que hay que imprimir te ira muy mal.

Te sorprendería la crudeza con los que los departamentos de recursos humanos votan estas hojas al basurero.

Tu curriculum si o si debe destacar, si no sabes elaborarlo puedes usar las plantillas profesionales que existen en Word o pagarle a un profesional que lo diseñe.

Aquí te presento los pasos para crear un currículum exitoso:

Comienza con un encabezado claro: Lo primero que debes incluir en tu currículum es un encabezado claro con tu nombre y tus datos de contacto. Asegúrate de que esta información esté bien visible y sea fácil de leer.

Resume tus habilidades y experiencia: A continuación, debes incluir un resumen de tus habilidades y experiencia profesional. Este resumen debe ser breve y destacar tus principales fortalezas y logros en la carrera.

Incluye tu experiencia laboral: Es importante que incluyas en tu currículum tu experiencia laboral en orden cronológico inverso.

Para cada trabajo, asegúrate de incluir el nombre de la empresa, el puesto que desempeñaste, las fechas en las que trabajaste allí, y las responsabilidades y logros más destacados durante tu tiempo en ese trabajo.

Destaca tus habilidades y logros: Es importante destacar tus habilidades y logros en tu currículum. Incluye tus habilidades más relevantes para el puesto que estás solicitando y describe cómo has utilizado esas habilidades para lograr objetivos en trabajos anteriores.

Incluye tu formación académica: Asegúrate de incluir tu formación académica en tu currículum, incluyendo el nombre de la institución, el título obtenido y las fechas de inicio y finalización. Si tienes otros títulos, certificaciones o habilidades adicionales que puedan ser relevantes para el trabajo que buscas, inclúyelos también.

Personaliza tu currículum para cada trabajo: Asegúrate de personalizar tu currículum para cada trabajo al que te postules. Esto significa que debes ajustar tu resumen, tus habilidades y tus logros para enfatizar aquellos aspectos que sean más relevantes para el puesto en particular.

Revisa y corrige tu currículum: Una vez que hayas completado tu currículum, asegúrate de revisarlo cuidadosamente para corregir errores de ortografía, gramática y formato. También puedes pedir a alguien de confianza que revise tu currículum para asegurarte de que está bien redactado y no hay errores.

Siguiendo estos pasos, podrás crear un currículum exitoso que te permita destacarte en la búsqueda de empleo. Recuerda que tu currículum es una herramienta importante en la búsqueda de trabajo, así que asegúrate de dedicar tiempo y esfuerzo para crear uno que sea efectivo y atractivo para los empleadores potenciales.

Prepárate para la Entrevista

La entrevista de trabajo es el momento en que puedes demostrar tus habilidades y experiencias.

En este capítulo te ofrecemos consejos para prepararte para la entrevista de trabajo, incluyendo cómo investigar sobre la empresa, cómo responder preguntas difíciles, y cómo vestir adecuadamente.

A como te vendes te contratan, no hace falta decirte que debes estar impecable, recuerda es probablemente vaya a ser el trabajo que cambie tu vida.

Tienes que ponerle la seriedad que merece, revisa todo y todo es todo.

Desde tu higiene y ropa hasta tus habilidades de conversación.

Recuerda has trabajado muy duro para convertirte en alguien excepcional, es casi un deservicio que no te contraten.

Muestra en esa entrevista todo el valor que puedes aportar a nivel laboral y como persona.

Prepararse adecuadamente para una entrevista laboral es fundamental para tener éxito en la búsqueda de empleo y lograr ser contratado.

Aquí te presento algunos consejos que pueden ayudarte a prepararte para una entrevista laboral y aumentar tus posibilidades de conseguir el trabajo:

Investiga sobre la empresa: Antes de la entrevista, asegúrate de investigar sobre la empresa, su historia, sus productos y servicios, su misión y valores. De esta manera, podrás tener una mejor idea de la cultura de la empresa y cómo encajarías en ella.

Practica tus respuestas: Asegúrate de practicar tus respuestas a preguntas comunes de entrevistas, como "¿Por qué estás interesado en trabajar aquí?" o "¿Cuáles son tus fortalezas y debilidades?".

Practicar tus respuestas te ayudará a sentirte más seguro y preparado durante la entrevista.

Prepara preguntas inteligentes: Prepárate para hacer preguntas inteligentes sobre la empresa, el puesto y el equipo con el que trabajarías. Esto demuestra que estás interesado y comprometido con la empresa.

Vístete adecuadamente: Asegúrate de vestirte adecuadamente para la entrevista. Viste de manera profesional y asegúrate de que tu apariencia sea limpia y ordenada.

Llega temprano: Llegar temprano te dará tiempo suficiente para prepararte y sentirte cómodo en el entorno de la empresa.

Sé positivo y muestra entusiasmo: Durante la entrevista, asegúrate de mantener una actitud positiva y entusiasta. Muestra interés en la empresa y el puesto y habla con confianza sobre tus habilidades y experiencia.

Sigue el contacto: Después de la entrevista, asegúrate de enviar un correo electrónico o una nota de agradecimiento al entrevistador, agradeciéndole por la oportunidad y reafirmando tu interés en el puesto. Esto te ayudará a mantenerte en contacto con la empresa y puede mejorar tus posibilidades de conseguir el trabajo.

Siguiendo estos consejos, podrás prepararte adecuadamente para una entrevista laboral y aumentar tus posibilidades de conseguir el trabajo. Recuerda que la preparación es clave para tener éxito en la búsqueda de empleo y asegurarte de conseguir el trabajo que deseas.

¡Mucho éxito!

Aprovecha tu Internet

Hoy en día, gran parte de la búsqueda de empleo se realiza en línea. En este capítulo, te ofrecemos consejos para aprovechar las redes sociales y las herramientas en línea para encontrar trabajo y destacarte en el mercado laboral.

Te enseñaremos cómo utilizar **LinkedIn, Indeed** y otros recursos en línea para aumentar tus posibilidades de éxito en la búsqueda de empleo, así podrás darte el lujo de escoger tu trabajo ideal, sin siquiera salir de tu casa.

Existen varias plataformas y herramientas en línea que puedes utilizar para buscar y conseguir buenos empleos. Algunas de las más populares son:

LinkedIn: LinkedIn es una red social profesional que te permite conectarte con otros profesionales, buscar empleos y recibir actualizaciones sobre ofertas laborales en función de tu perfil.

Indeed: Indeed es un motor de búsqueda de empleos que te permite buscar trabajos por ubicación, industria y tipo de trabajo. Puedes subir tu currículum y recibir alertas sobre nuevos trabajos que coincidan con tus intereses.

Glassdoor: Glassdoor es una plataforma que te permite buscar y leer comentarios de empleados y evaluaciones de empresas para tener una idea de la cultura de la empresa y las oportunidades de crecimiento.

Monster: Monster es otra plataforma de búsqueda de empleo que te permite subir tu currículum y buscar trabajos en función de tu ubicación, experiencia y habilidades.

Freelancer: Si estás interesado en trabajos independientes o proyectos de corta duración, Freelancer te permite buscar y ofrecer trabajos independientes en áreas como diseño, redacción, programación y más.

Upwork: Upwork es otra plataforma de trabajos independientes que te permite conectarte con clientes de todo el mundo y ofrecer tus habilidades y servicios en áreas como diseño, redacción, programación y más.

Recuerda que estas son solo algunas de las plataformas y herramientas en línea que puedes utilizar para buscar y conseguir buenos empleos.

Siempre es recomendable investigar y explorar diversas opciones para encontrar la que mejor se adapte a tus necesidades y habilidades.

.

Mantén la Motivación

La búsqueda de trabajo puede ser un proceso desafiante y largo, pero no debes perder la motivación.

En este capítulo, te ofrecemos consejos para mantenerte motivado y perseverar en la búsqueda de empleo, desde establecer metas realistas hasta crear una red de apoyo que te ayude en tu búsqueda.

Al fundador de Walt Disney los bancos le dijeron que no más de 200 veces a la vez numero 201 su vida cambio por completo.

También tienes que ser consciente de que existen muchos factores que llevan a que no te hayan contratado.

Cambios en las acciones de la Bolsa de Valores, exceso de curriculum excepcionales, entre otras.

Recuerda también que la calidad de tus resultados es directamente proporcional a la cantidad de pretextos que tenga tu mente.

Buscar empleo puede ser una tarea difícil y frustrante, y es común que te sientas desmotivado en algún momento del proceso. Aquí te presento algunos consejos que pueden ayudarte a mantener la motivación en la búsqueda de empleo:

Define tus objetivos: Es importante tener claro lo que buscas en un trabajo y establecer objetivos claros para ti mismo.

Esto te ayudará a mantenerte enfocado en lo que realmente quieres y te motivará a seguir adelante.

Haz una lista de tareas diarias: Establece una lista de tareas diarias que debes cumplir en tu búsqueda de empleo. Esto te ayudará a mantenerte organizado y motivado al ver cómo vas avanzando en tu búsqueda.

Rodéate de personas positivas: Busca el apoyo de amigos y familiares que te apoyen y te motiven en tu búsqueda de empleo. También puedes unirte a grupos de búsqueda de empleo o redes de profesionales en línea para tener un apoyo adicional.

Celebra tus logros: Reconoce tus logros en la búsqueda de empleo, incluso si son pequeños.

Celebra cada pequeño paso que des y recompénsate a ti mismo por tus esfuerzos.

Dedica tiempo a actividades que disfrutes: Mantener un equilibrio entre la búsqueda de empleo y las actividades que disfrutas te ayudará a mantener una actitud positiva y a evitar el agotamiento.

Sé flexible y mantén una mente abierta: Es importante ser flexible y mantener una mente abierta en la búsqueda de empleo. Esto puede llevarte a nuevas oportunidades y experiencias que no habías considerado anteriormente.

Recuerda que la búsqueda de empleo es un proceso que requiere tiempo y esfuerzo.

Mantener una actitud positiva y seguir adelante incluso en momentos de frustración es clave para lograr tus objetivos y conseguir el trabajo que deseas.

Al final del día atraemos lo que somos, todo lo que hay en nuestras vidas es un reflejo de lo que hay en nuestro interior.

Deja la motivación para la gente común, en cambio usa la disciplina tú eres excepcional.

Conclusión

Esperamos que esta guía práctica te haya sido útil en la búsqueda de un trabajo mejor.

No olvides que la búsqueda de empleo es un proceso continuo y que requiere paciencia y dedicación.

¡No te desanimes, sigue adelante y pronto podrás encontrar el trabajo de tus sueños!

Este libro es una guía práctica y completa para aquellos que están buscando el trabajo perfecto para ellos.

Con un enfoque en ayudar a los lectores a descubrir sus pasiones y habilidades, este libro proporciona herramientas y consejos para que puedan identificar sus fortalezas y debilidades y encontrar el trabajo que mejor se adapte a sus intereses y habilidades.

Una de las fortalezas del libro es que se enfoca en la importancia de la investigación y la preparación, tanto para la búsqueda de trabajo como para las entrevistas.

Los autores sugieren que los lectores realicen una investigación exhaustiva sobre las empresas y los puestos que les interesan, y que también preparen cuidadosamente su currículum vitae y carta de presentación para destacar sus habilidades y logros.

El libro también aborda el tema de la mentalidad positiva y la perseverancia en la búsqueda de trabajo. Los autores explican cómo mantenerse motivado y cómo superar la frustración y el rechazo en el camino hacia el trabajo de tus sueños.

Además, el libro incluye valiosos consejos para la entrevista, como la importancia de la preparación previa a la entrevista, la vestimenta adecuada y cómo responder preguntas difíciles de manera efectiva.

En general, este libro es una herramienta útil para aquellos que buscan su camino en el mercado laboral.

Los autores proporcionan una gran cantidad de información práctica y ejemplos reales para ayudar a los lectores a aplicar los consejos y estrategias en su propia búsqueda de trabajo.

Con una mezcla de consejos prácticos y motivación, este libro puede ayudar a cualquiera a encontrar el trabajo de sus sueños.

Tu puedes llegar a donde quieras llegar, es solo cuestión de que te lo propongas.

Gracias por Leer

www.ingramcontent.com/pod-product-compliance
Lightning Source LLC
Chambersburg PA
CBHW030520220526
45464CB00006B/2885